_____ 학교 ____ 학년____반 _____ 의 책이에요.

❸ 스스로 활동해 보세요

이 시리즈는 단지 지식을 전달하기 위한 교양서가 아니에요. 어린이 여러분이 교과서로 수업 시간에 배운 내용을 실제 현장에서 직접 체험하며 익힐 수 있도록 다양한 활동 내용을 담았지요. 책 중간이나 뒷부분에 이해를 돕기 위한 활동이 있으니 꼭 스스로 정리해 보세요.

❹ 견학 후 활동이 다양해요

체험학습 후에는 반드시 견학 후 여러 가지 활동을 해 보세요. 보고서 쓰기, 신문 만들기, 그림 그리기 등을 통해 체험학습에서 보고 들은 내용을 다시 한번 정리하면 알찬 체험학습이 될 거예요.

신나는 교과 체험학습 68

산에 들에 피어요 꽃

초판 1쇄 발행 | 2008. 10. 27.
개정 2판 4쇄 발행 | 2023. 11. 10.

글 박철만 | **그림** 김명곤

발행처 김영사 | **발행인** 고세규
등록번호 제 406-2003-036호 | **등록일자** 1979. 5. 17.
주소 경기도 파주시 문발로 197(우10881)
전화 마케팅부 031-955-3100 | 편집부 031-955-3113~20 | 팩스 031-955-3111

값은 표지에 있습니다.
ISBN 978-89-349-8630-0 64000
ISBN 978-89-349-8306-4 (세트)

좋은 독자가 좋은 책을 만듭니다. 김영사는 독자 여러분의 의견에 항상 귀 기울이고 있습니다.
전자우편 book@gimmyoung.com | 홈페이지 www.gimmyoungjr.com

어린이제품 안전특별법에 의한 표시사항

제품명 도서 **제조년월일** 2023년 11월 10일 **제조사명** 김영사 **주소** 10881 경기도 파주시 문발로 197
전화번호 031-955-3100 **제조국명** 대한민국 ⚠**주의** 책 모서리에 찍히거나 책장에 베이지 않게 조심하세요.

산에 들에 피어요

꽃

글 박철만 그림 김명곤

주니어김영사

차례

꽃은요

우리나라의 산과 들에는 어떤 꽃이 필까요? 어떤 꽃이 피는지, 그 꽃의 이름은 무엇인지 알고 있나요? 혹시 그동안 이름 모를 들꽃이라고만 생각하지 않았나요? 그동안 여러분이 이름 모를 들꽃이라고 생각했던 모든 꽃에는 다 이름이 있답니다. 우리는 꽃을 보려고 기르기도 하고, 들이나 산으로 여행을 떠나기도 해요. 이렇게 우리의 마음을 아름답게 하는 꽃은 어떻게 해서 피는 것일까요? 꽃은 해마다 봄이 되면 핀답니다. 그런데 우리가 직접 꽃을 만나러 산으로, 들로 가보는 것은 어떨까요? 어디에서 어떤 꽃이 피며, 어떤 계절에 어떤 꽃이 피는지 하나하나 알아가다 보면 어느새 나도 꽃이 되어 있을 거예요.

꽃을 보러 가기 전에

미리 준비하세요

《꽃》 책과 꽃 도감	어린이들이 보기에는 꽃을 계절별, 색깔별로 구분해 놓은 도감이 적당해요. 꽃을 찾기가 쉽거든요.
돋보기 또는 루페	꽃이나 잎을 자세히 관찰할 때 사용해요.
디지털 카메라	꽃 사진을 찍어 오면 두고두고 볼 수 있어요.
옷차림	야생 들꽃을 관찰하려면 산에 가야 할 일이 생겨요. 다칠 수 있으니 보호할 수 있게 장갑과 모자를 준비하세요. 여름에도 반바지보다는 긴바지를 입어야 상처 나는 것을 막을 수 있고 풀독에 옮지 않아요. 그리고 어깨에 맬 수 있는 배낭과 주머니 많은 조끼가 있으면 더욱 좋겠지요.
간단한 필기도구	꽃을 관찰하다가 생긴 궁금한 점과 새로 알게 된 점을 메모해요.
비상 식량	산에 오르다 보면 갑자기 지칠 때가 있어요. 그때 먹을 음식이 필요하답니다.
마음가짐	준비물은 아니지만 풀꽃 친구들 집에 초대 받아 가는 조심스러운 마음이 꼭 필요하겠지요?

미리 알아 두세요

꽃이 피는 시기는 해마다, 지역마다 달라요. 여기에는 대략적인 시기만 표시해 두었어요. 하지만 두 달 이상씩 차이가 나지는 않으니 꽃을 보러 갈 때 참고하세요.

2~3월	변산바람꽃, 나도바람꽃, 너도바람꽃, 만주바람꽃 등의 바람꽃 종류
3~4월	복수초, 노루귀, 꿩의바람꽃, 회리바람꽃, 제비꽃, 별꽃, 냉이, 꽃다지, 민들레, 현호색, 얼레지, 괭이눈, 각시붓꽃, 금붓꽃
4~5월	쌍둥이바람꽃, 쇠별꽃, 봄맞이꽃, 냉이, 꽃다지, 씀바귀, 민들레, 꽃마리, 산괴불주머니, 양지꽃, 뱀딸기, 처녀치마, 할미꽃, 금낭화, 지칭개
5~6월	은방울꽃, 둥글레, 붓꽃, 꽃창포, 노랑꽃창포, 쥐오줌풀, 엉겅퀴, 천남성
6~7월	꿀풀, 원추리, 범부채, 각시원추리, 물레나물, 노루오줌, 박주가리, 이질풀, 둥근이질풀, 토끼풀, 붉은토끼풀, 용머리
7~8월	물봉선, 꿀풀, 원추리, 범부채, 참나리, 말나리, 하늘말나리, 장구채, 어수리, 달맞이꽃, 차풀, 금강초롱, 잔대, 동자꽃, 고마리, 비비추
8~9월	투구꽃, 진범, 돌쩌귀, 누린내풀, 물봉선, 마타리, 벌노랑이, 금강초롱, 잔대, 참취, 고마리, 눈괴불주머니, 숫잔대
9~10월	참취, 쑥부쟁이, 개미취, 곰취, 벌개미취, 미역취
10~11월	산국, 감국

한눈에 보는 우리나라 꽃 지도

우리나라에는 사계절이 있어요. 그래서 각 계절마다 아름다운 꽃이 핀답니다. 봄, 여름, 가을 내내 각각 다른 꽃이 피어 우리의 눈을 즐겁게 해 주지요. 꽃은 봄부터 가을까지 아름답게 피워 자기 임무를 다하고 씨를 퍼트려 내년을 준비하지요. 그런데 꽃은 언제 어디에서 필까요? 꽃은 우리 주변에도 많이 있지만 특별히 꽃이 많이 피는 시기와 장소가 있답니다. 날짜와 장소, 같은 계절이어도 조금씩 다르지요. 자, 그럼 어디에서 어떤 꽃이 피는지 살펴볼까요?

얼레지

❶ 천마산
봄이 되면 종류도 다양하고 매주 다른 꽃들이 새로 피고 지어 금붓꽃, 얼레지 등 다양한 꽃들을 감상할 수 있어요. 3월 말부터 4월 말까지가 가장 좋은 시기예요.

❷ 화야산
천마산과 비슷한 봄꽃들을 만날 수 있어요. 천마산보다 사람들이 적어서 좀 더 한적하게 들꽃을 감상할 수 있어요.

금붓꽃

❸ 지리산노고단
여름 방학을 이용해서 지리산으로 떠나 봐요. 원추리, 동자꽃, 곰취, 술패랭이, 꽃범의꼬리, 산오이풀 등을 만날 수 있어요.

동자꽃

❹ 명성산
가을 억새꽃의 정취에 흠뻑 빠져 보아요. 그리고 쑥부쟁이, 구절초, 산국 등의 가을 들국화 꽃들을 만나볼 수 있어요. 주변에 식물원도 있어요.

산구절초

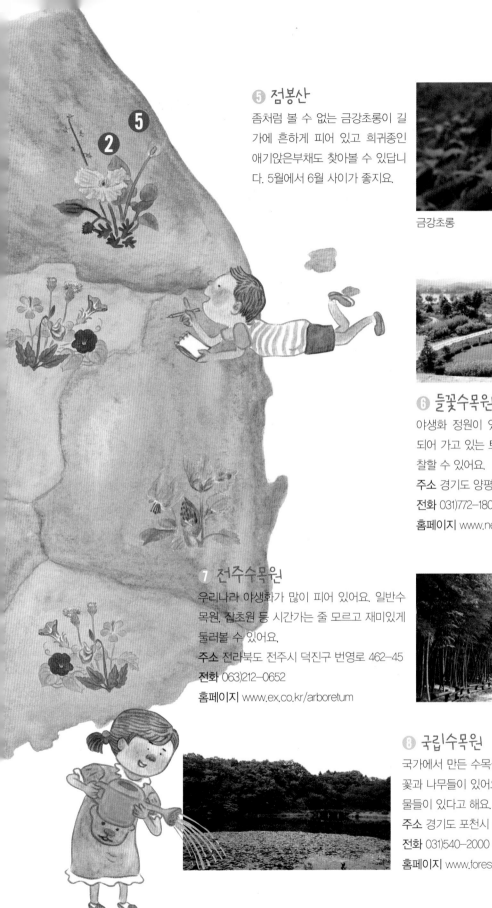

⑤ 점봉산

좀처럼 볼 수 없는 금강초롱이 길가에 흔하게 피어 있고 희귀종인 애기앉은부채도 찾아볼 수 있답니다. 5월에서 6월 사이가 좋지요.

금강초롱

⑥ 들꽃수목원

야생화 정원이 있어요. 우리나라에서 멸종되어 가고 있는 토종 야생화 200여 종을 관찰할 수 있어요.

주소 경기도 양평군 양평읍 수목원길 16
전화 031)772-1800
홈페이지 www.nemunimo.co.kr

⑦ 전주수목원

우리나라 야생화가 많이 피어 있어요. 일반수목원, 잡초원 등 시간가는 줄 모르고 재미있게 둘러볼 수 있어요.

주소 전라북도 전주시 덕진구 번영로 462-45
전화 063)212-0652
홈페이지 www.ex.co.kr/arboretum

⑧ 국립수목원

국가에서 만든 수목원이에요. 우리나라의 각종 꽃과 나무들이 있어요. 무려 3천500여 종의 식물들이 있다고 해요.

주소 경기도 포천시 소흘읍 광릉수목원로 509
전화 031)540-2000
홈페이지 www.forest.go.kr

꽃, 알고 만나요

    '꽃'이라고 하면 머릿속에서 무엇이 가장 먼저 떠오르나요? 아름답게 만든 꽃다발이나 꽃밭, 예쁜 꽃집이 떠오르는 사람도 있고, 벌과 나비가 생각나는 사람도 있고, 자신이 기르거나 좋아하는 꽃이 떠오르는 사람도 있을 거예요. 그런데 꽃이 어떻게 생겼는지 알고 있나요? 꽃은 어떻게 해서 피고 질까요? 그리고 어떻게 후손을 남길까요? 자, 지금부터 꽃에 대한 모든 것을 알아보아요.

돌콩

얼레지

금강초롱

꽃이란 무엇일까요?

꽃은 '식물의 씨앗을 만드는 생식 기관'이에요. 동물과 비교한다면 새끼를 만드는 역할을 하는 기관이지요. 자, 그럼 꽃이 어떻게 생겼는지 알아보아요.

🌸 생식 기관
생물이 자기와 닮은 개체를 만들기 위한 기관이에요.

꽃은 어떻게 생겼나요?

꽃의 생김새는 꽃마다 다양해요. 하지만 꽃잎, 꽃받침, 암술, 수술 등이 있는 꽃이 가장 일반적인 생김새예요. 이 네 가지를 모두 가지고 있으면 '갖춘꽃', 한 가지라도 빠져 있으면 '안갖춘꽃'이라고 하지요.

먼저 꽃잎부터 알아보아요. 꽃잎의 색깔은 흰색, 노랑색, 빨간색 등 여러 가지예요. 이것은 곤충이나 새의 눈에 잘 보이도록 잎의 색이 변한 것이에

꽃가루는 곤충들의 먹이예요!

꽃가루는 영양가가 매우 높기 때문에 꿀벌에게는 중요한 식량이에요. 꿀벌을 자세히 보면 꽃가루를 뭉쳐서 허리춤에 달고 다니는 것을 볼 수 있어요. 들판이나 꽃밭에 흔히 피는 닭의장풀이라는 꽃은 6개의 수술이 있는데 그 중 4개는 아예 먹이용으로 만들어 곤충들을 유인하기도 해요.

요. 초록색 잎은 눈에 잘 띄지 않으니까요. 그리고 꽃잎이 한 장 또는 여러 장 모이면 꽃부리라고 해요. 여러 장의 꽃잎이 모여서 한 꽃부리를 이루어 한 송이 꽃이 되는 것이지요.

꽃을 받쳐 주는 것은 꽃받침이에요. 줄기와 꽃을 연결하고 있지요. 그리고 꽃눈과 꽃봉오리를 보호하기 위한 기관이기도 해요. 초식 동물이 꽃을 함부로 먹는 것을 막거나 비바람으로부터 꽃을 지키는 것이지요. 그리고 꽃이 활짝 피면 꿀샘을 보호하여 공짜로 꿀을 훔쳐 가는 곤충으로부터 보호한답니다. 곤충들이 꽃 속으로 들어가지 않고 바깥에서 꿀샘을 뚫어 꿀만 훔쳐 먹기 때문이지요.

수술은 보통 꽃 한 송이에 여러 개가 모여 있어요. 꽃가루를 만들어 내고 그 꽃가루를 암술머리에 묻게 하는 역할을 하지요.

암술은 암술머리, 암술대, 씨방으로 이루어져 있어요. 암술머리는 수술이 만든 꽃가루를 받는 부분이에요. 꽃가루가 암술머리와 만나면 암술대를 타고 씨방 속에서 알세포와 만나 씨앗이 생기지요. 암술과 수술은 이런 과정을 거쳐 씨앗을 만드는 중요한 기관이랍니다.

꽃눈
자라서 꽃이 될 부분이에요.

초식 동물
식물을 주로 먹고 사는 동물이에요.

꿀샘
꽃이나 잎에서 단물을 내는 조직이나 기관을 말해요.

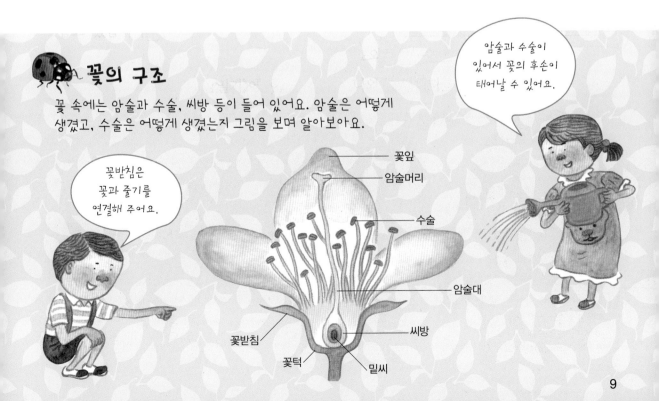

꽃의 구조

꽃 속에는 암술과 수술, 씨방 등이 들어 있어요. 암술은 어떻게 생겼고, 수술은 어떻게 생겼는지 그림을 보며 알아보아요.

암술과 수술이 있어서 꽃의 후손이 태어날 수 있어요.

꽃받침은 꽃과 줄기를 연결해 주어요.

꽃잎
암술머리
수술
암술대
씨방
밑씨
꽃턱
꽃받침

꽃잎이 모인 꽃부리

갈래꽃
한 장 한 장 꽃잎이 갈라져
있어요. 전부 5장이지요.

통꽃
꽃잎이 다섯 장 같아 보이지
만 꽃부리가 하나로 붙어 있
어서 한 장의 꽃잎이에요.

우리가 흔히 꽃이라고 부르는 부분은 대개 꽃부리예요. 꽃부리는 꽃 잎이 모여 있는 꽃송이를 말하는 거지요.

꽃부리는 크게 갈래꽃과 통꽃으로 나눌 수 있어요. 갈래꽃은 이름 그대로 꽃잎이 갈라져 있는 꽃이고, 통꽃은 꽃잎이 하나로 붙어 있는 꽃이지요. 장미꽃처럼 꽃잎이 한 장 한 장 떨어지는 것이 갈래꽃이 고, 나팔꽃처럼 꽃잎이 하나로 붙어 있는 것이 통꽃이에요.

갈래꽃의 꽃부리는 나비 모양 꽃부리, 십자 모양 꽃부리가 있고, 통 꽃의 꽃부리는 종 모양 꽃부리, 입술 모양 꽃부리, 항아리 모양 꽃부 리, 깔때기 모양 꽃부리가 있어요.

나비 모양의 꽃부리는 주로 콩과 식물인 강낭콩, 돌콩, 벌노랑이 등 의 꽃이, 십자 모양 꽃부리는 냉이, 꽃다지, 유채꽃 등이에요. 종 모 양 꽃부리는 도라지, 깨꽃 등이고, 입술 모양 꽃부리는 주로 꿀풀과

갈래꽃 꽃부리

나비 모양 꽃부리(돌콩)
꽃 모양이 나비처럼 생겼어요.

십자 모양 꽃부리(갯무)
꽃 모양이 십자(+)처럼 나 있어요.

통꽃 꽃부리

입술 꽃부리(광대나물)
꽃 모양이 아랫 입술을 내민 모양으로
생겼어요.

종 모양 꽃부리(깨꽃)
꽃 모양이 마치 종처럼 생겼어요.

깔때기 모양 꽃부리(분꽃)
꽃 모양이 깔때기를 닮았어요.

항아리 모양 꽃부리(금강초롱)
꽃 모양이 마치 항아리처럼 생겼어요.

식물인 꿀풀, 용머리, 광대나물, 꽃범의꼬리 등이에요. 항아리 모양 꽃부리는 금강초롱, 잔대등이며, 깔때기 모양 꽃부리에는 메꽃과 나팔꽃, 분꽃 등이지요.

꽃차례

꽃을 자세히 보면 꽃잎이 각기 다른 형태로 난 것을 볼 수 있어요. 이것을 꽃차례라고 해요. 꽃차례는 꽃이 꽃대에 매달리는 차례를 말하지요.

꽃대 하나에 꽃 한 송이가 피는 단정꽃차례, 방석 모양의 산방꽃차례, 우산 모양의 산형꽃차례, 이삭 모양의 수상꽃차례, 술 모양의 총상꽃차례, 머리 모양의 두상꽃차례, 방망이 모양의 육수꽃차례 등이 있어요.

꽃이 피는 모양은 꽃마다 달라요.

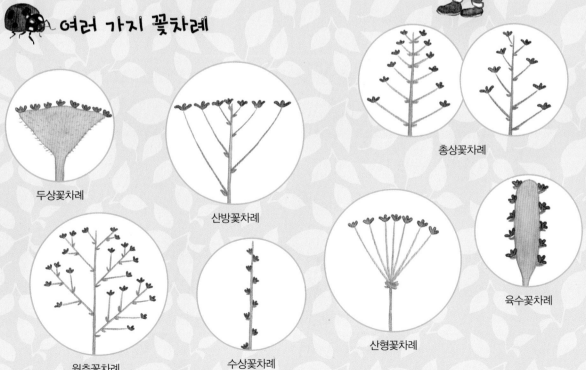

여러 가지 꽃차례

두상꽃차례

산방꽃차례

총상꽃차례

원추꽃차례

수상꽃차례

산형꽃차례

육수꽃차례

꽃가루받이를 해요

금붓꽃
곤충이 꽃가루를 묻히기 좋
도록 꽃잎에 꿀샘 안내 표시
를 해 놓았어요.

꽃은 어떻게 씨앗을 만들까요? 바로 꽃가루받이를 통해서 이루어져요. 꽃가루받이는 수분이라고도 하는데, 수술의 꽃가루가 암술머리에 닿는 것을 말해요. 이때 자신의 꽃가루가 자신의 암술머리에 닿아 수분되는 것을 자기꽃가루받이, 다른 꽃의 꽃가루가 암술머리에 닿아 수분되는 것을 딴꽃가루받이라고 해요.

그런데 한 곳에 머무르는 꽃이 어떻게 다른 꽃의 암술머리에 꽃가루를 전할까요? 바로 벌과 나비 등 곤충의 힘을 빌려서 전해 주는 거랍니다. 이렇게 곤충들이 꽃가루받이를 해주는 꽃들을 충매화라고 해요. 그리고 바람, 물도 식물의 꽃가루받이를 돕고 있어요. 바람이 꽃가루받이를 해 주면 풍매화, 물이 해 주면 수매화라고 불러요.

새도 수분을 도와요

새가 수분을 하는 경우는 우리나라에서는 흔하지 않아요. 동박새가 동백꽃의 수분을 돕는 정도예요. 하지만 외국에서는 빨강색 꽃을 좋아하는 벌새가 식물의 수분을 돕지요.

꽃가루를 퍼뜨리는 방법

꽃들은 각자 생김새와 주변 환경에 알맞은 방법으로 꽃가루를 퍼뜨려요. 퍼뜨리는 방법에 따라 충매화, 풍매화, 수매화로 나뉘어요.

충매화
곤충들이 꽃가루와 꿀을 먹기 위해 날아들면 꽃은 그때를 놓치지 않고 곤충들에게 꽃가루를 묻혀요. 그러면 곤충은 다른 꽃에 가서 또 꿀을 먹을 때 그 꽃의 꽃가루를 묻혀 주게 되지요.

풍매화
꽃가루를 바람에 날려 보내요. 하지만 땅에 버려지는 꽃가루가 많고 멀리 날아가지도 못해요. 그래서 이런 식물들은 모여서 살 수밖에 없고 씨앗을 만들 확률도 낮답니다.

수매화
물을 이용해서 꽃가루를 퍼뜨려요. 꽃가루가 물결에 실려 흩어지거나 물속에 있는 암꽃이 꽃가루가 가라앉으면 받기도 해요.

딴꽃가루받이와 자기꽃가루받이

식물들은 보통 딴꽃가루받이를 하는 것을 좋아해요. 그래야 튼튼한 자손이 태어나기 때문이지요. 그럼, 식물은 자기꽃가루받이를 피하기 위해서 어떻게 할까요?

첫째, 암꽃과 수꽃이 피는 시기를 다르게 해요. 그러면 다른 꽃의 꽃가루를 받을 수밖에 없겠지요.

둘째, 암술이 긴 꽃과 수술이 긴 꽃 두 가지를 만들어요. 이때 긴 수술의 꽃가루는 긴 암술머리에, 짧은 수술의 꽃가루는 짧은 암술머리에 닿게 해요. 이렇게 하면 딴꽃가루받이 확률을 높일 수 있답니다.

셋째, 여러 개의 작은 수술을 여러 번 만들어요. 그러면 곤충들이 꽃가루를 모조리 먹어치우는 것을 막을 수 있고, 꽃가루를 오래오래 날릴 수 있어요.

넷째, 어쩔 수 없이 자신의 꽃가루가 묻는 경우가 있어요. 이럴 때는 자신의 꽃가루를 밀어낸답니다. 그렇게 해서 씨앗이 생기지 못하도록 막아요.

하지만 곤충이나 바람이 없다면 꽃은 자기꽃가루받이를 할 수밖에 없어요. 제비꽃이 바로 대표적인 꽃이에요. 5월쯤 되면 나무들이 우거져서 곤충들이 키가 작은 제비꽃을 발견하기가 어려워요. 그래서 제비꽃은 처음부터 자기꽃가루받이를 해요. 얼레지나 서양민들레도 저녁까지 곤충이 날아오지 않으면 자기꽃가루받이를 한답니다. 그런데 주름잎 같은 꽃은 수술이 암술에 닿을 정도로 가깝게 피어서 처음부터 자기꽃가루받이를 해요. 이처럼 꽃들은 종을 유지하고 번식하기 위해 끊임없이 노력하고 있답니다.

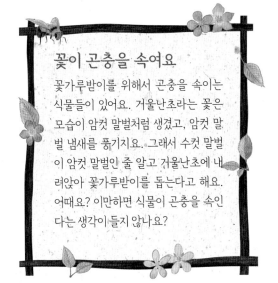

꽃이 곤충을 속여요

꽃가루받이를 위해서 곤충을 속이는 식물들이 있어요. 거울난초라는 꽃은 모습이 암컷 말벌처럼 생겼고, 암컷 말벌 냄새를 풍기지요. 그래서 수컷 말벌이 암컷 말벌인 줄 알고 거울난초에 내려앉아 꽃가루받이를 돕는다고 해요. 어때요? 이만하면 식물이 곤충을 속인다는 생각이 들지 않나요?

까마중
길가에서 흔하게 자라요. 여름철에 흰 꽃을 피우고 9월쯤 까맣게 열매를 맺어요. 자신의 꽃가루가 암술머리에 닿으면 밀어내지요.

얼레지
습기가 있는 산기슭에서 자라요. 5년 이상 지나야 꽃이 피어요. 자기 꽃가루받이를 해요.

열매와 씨앗을 만들어요

꽃이 자신이 할 일인 꽃가루받이를 마치고 나면 열매와 씨앗이 생기지요. 꽃가루받이가 끝나면 씨방이 부풀어 올라 열매가 생기고 그 열매 속에는 씨앗이 들어 있어요.

씨앗 퍼뜨리기

식물은 왜 다양한 모양의 열매를 만드는 것일까요? 그것은 씨를 퍼뜨리기 위해서예요. 식물은 씨앗을 최대한 멀리 퍼뜨리고 싶어해요. 부모 식물로부터 멀리 떨어져 있어야 경쟁을 하지 않고 자라기 때문이에요. 그리고 유전자가 같은 부모 식물들과 꽃가루받이가 일어나는 것을 막기 위한 것이에요. 그래야 새로 자랄 식물이 좀 더 다양하고 튼튼한 **유전자**를 가지게 되기 때문이지요. 이런 이유 때문에 식물들이 씨앗을 멀리 보내기 위해 여러 가지 방법을 쓰다 보니 그에 맞게 열매의 모양이 다양해졌지요.

🌸 **유전자**
부모에서 자식으로 물려지는 특징이에요.

🐞 멀리 씨앗 퍼뜨리기

모든 식물은 열매를 맺고 씨앗을 만들어요. 그리고 여러 가지 방법 중에서 자신에게 가장 알맞은 방법을 찾아 씨앗을 퍼뜨려요. 그럼 식물들은 어떤 방법으로 씨를 퍼뜨릴까요?

바람에 날려서 보내요
털 달린 민들레, 씀바귀, 버드나무, 단풍나무, 난초나 양귀비 등이 바람을 이용하여 씨를 멀리멀리 퍼뜨려요. 이런 씨앗들은 몸이 가벼워서 잘 날아가지요.

직접 씨를 터뜨려요
식물 중에는 스스로 씨앗을 멀리 보내는 식물이 있어요. 봉숭아와 물봉선의 열매는 살짝 건드리기만 해도 꼬투리가 터져요. 이때 터지는 힘으로 씨앗을 2미터 이상 멀리 보낼 수 있어요. 이질풀, 무궁화, 제비꽃 등이 스스로 씨를 퍼뜨린답니다.

다람쥐나 개미가 씨앗을 심는다고요?

다람쥐나 청설모는 도토리나 밤을 겨우내 먹기 위해 땅속에 저장하지요. 그런데 깜빡 잊고 꺼내 먹지 않는 일이 종종 있어요. 그러면 그 싹이 나무로 자라기도 한답니다. 결국 다람쥐가 도토리와 밤을 심은 셈이지요.

개미는 애기똥풀의 까만 씨앗에 붙어 있는 하얀 영양분 덩어리를 좋아해요. 그래서 애기똥풀의 씨앗을 땅속에 있는 자신의 집으로 끌고 가지요. 개미가 영양분 덩어리를 맛있게 먹고 남은 애기똥풀 씨앗은 땅속 개미집에서 싹을 틔운답니다.

은행나무 이야기

은행나무는 요즘에 아무도 씨앗을 먹는 동물이 없어요. 구린 냄새 때문이에요. 은행나무 화석이 초식 공룡의 화석과 함께 발견되었다고 해요. 그런데 공룡은 멸종했지만 은행나무는 멸종하지 않았지요. 그 이유는 공룡이 멸종하면서 은행나무 역시 멸종 위기에 처했지만 일부가 살아남았어요. 그 뒤 인간들이 씨앗을 번식시켜 은행나무는 살아 있는 화석 식물로 불리지요. 인간도 동물이니 은행나무는 여전히 동물에게 부탁해서 번식을 하는 셈이지요.

은행나무 꽃

동물의 먹이가 되어서 퍼져요
동물들이 열매를 먹고 돌아다니다가 씨앗이 배설물로 나오면서 멀리 퍼지는 방법이지요. 사과, 배, 수박, 다래, 석류, 버찌 등이 이런 방법으로 씨를 퍼트려요.

동물의 몸에 붙어서 퍼져요
동물의 몸에 붙어 씨를 퍼트리는 식물은 씨앗 모양이 갈고리 같거나 찍찍이 같아요. 도둑놈의갈고리, 쇠무릎풀, 짚신나물, 가막사리, 도깨비바늘, 진득찰, 도꼬마리 등이 있어요.

물에 흘려 보내요
갯버들, 갯질경이, 연꽃처럼 물가나 물속에서 사는 식물들은 씨앗을 물에 흘려보내요. 씨앗에 공기주머니 같은 것을 달아 떠내려가게 하지요. 그리고 씨앗 속으로 물이 들어가 썩는 일이 생기지 않도록 씨앗 껍질을 두껍게 만든답니다.

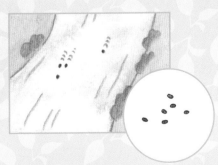

잎차례와 잎의 모양을 살펴보아요

잎은 꽃이 살아가는 데 필요한 양분을 만들어 주는 곳이에요. 잎을 자세히 살펴보면 줄기나 가지에 매달린 모양이 다르답니다. 그리고 잎의 모양도 풀꽃마다 다르지요.

잎차례

잎이 줄기나 가지에 붙는 차례를 잎차례라고 해요. 꼭두서니나 도라지처럼 줄기에 돌려나는 돌려나기, 쉽사리나 익모초, 부처꽃처럼 양쪽의 잎이 나란히 마주 나 있는 마주나기가 있어요. 그리고 민들레나 질경이처럼 뭉쳐서 나는 뭉쳐나기, 양쪽의 잎이 서로 어긋나게 나는 어긋나기가 있어요. 그런데 잎은 왜 이렇게 서로 다른 방식으로 나는 걸까요? 줄기에 난 모든 잎들이 서로 가려서 그늘지지 않도록 하기 위해서랍니다.

잎이 나는 방법도 여러 가지구나!

🐞 풀꽃의 잎은 어떤 차례로 날까?

돌려나기(꼭두서니)
줄기가 사각기둥 모양이에요. 잎이 줄기에 90도씩 돌려나기로 붙어 있지요.

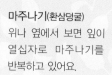

마주나기(환삼덩굴)
위나 옆에서 보면 잎이 열십자로 마주나기를 반복하고 있어요.

어긋나기(산구절초)
꽃이 필 때까지 기다리면 어긋나게 나는 잎을 볼 수 있어요. 잎이 줄기를 동그랗게 감싸고 자라지요.

뭉쳐나기(질경이)
잎이 땅에 납작 모여서 나 있지요. 이런 것을 뭉쳐나기 또는 모여나기라고 불러요.

잎의 모양

풀꽃의 잎은 모양이 아주 다양해요. 각자 햇빛을 잘 받고 뿌리로부터 물을 잘 끌어들여 녹말을 만들고 양분을 만들기 적합한 구조로 발달했답니다. 달걀 모양, 손바닥 모양, 심장 모양, 피침 모양, 방패 모양, 민들레 잎 모양, 깃털 모양 등 매우 다양하지요.

 풀꽃의 잎은 어떻게 생겼을까?

방패 모양

달걀 모양

타원형

피침 모양

선 모양

바늘 모양

신장 모양

민들레 모양

심장 모양

마름모 모양

심장형 화살 모양

삼각형 모양

줄기와 뿌리는 어떻게 생겼을까?

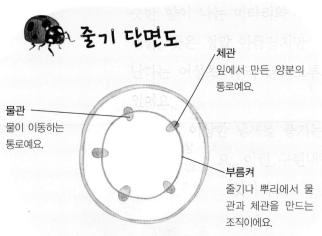

줄기 단면도

체관
잎에서 만든 양분의 통로예요.

물관
물이 이동하는 통로예요.

부름켜
줄기나 뿌리에서 물관과 체관을 만드는 조직이에요.

뿌리 단면도

외떡잎식물　　　쌍떡잎식물

곁뿌리
원뿌리에서 갈라져 나온 작은 뿌리예요.

수염뿌리
원뿌리와 곁뿌리의 구별 없이 뿌리줄기에서 수염처럼 많이 뻗어 나온 뿌리예요.

원뿌리
주가 되는 뿌리예요.

모든 식물에는 줄기와 뿌리가 있어요. 줄기는 잎과 꽃이 달리는 기둥이에요. 그래서 식물이 넘어지지 않도록 지지대 역할을 하고, 꽃이 잘 필 수 있도록 물과 영양분을 옮기는 통로이기도 해요.

줄기에는 체관과 물관이 있는데 뿌리에서 물과 영양분을 끌어올려 물관을 통해 잎으로 보내요. 잎에서 만든 영양분은 체관을 통해 뿌리와 줄기로 공급하지요. 줄기에는 부름켜라는 기관이 있는데 줄기가 굵게 자라도록 부피생장을 하지요.

뿌리는 꽃이 필 수 있도록 식물을 땅에 고정시키고 뿌리털이라는 기관을 통해 땅속의 물과 영양분을 흡수해요. 그리고 곰팡이 종류와 같이 살면서 영양분의 흡수를 늘리기도 해요.

쌍떡잎식물과 외떡잎식물의 뿌리는 다르게 생겼어요. 쌍떡잎식물은 원뿌리와 곁뿌리로 이루어져 있고, 외떡잎식물은 수염뿌리로 이루어져 있어요.

꽃은 잎이 있어야 해요

　식물의 잎은 영양분 공장과 같아요. 잎 뒷면에 있는 공기 구멍으로 이산화탄소를 빨아들이고 뿌리에서는 물을 끌어올려 녹말과 산소를 만들지요. 이때 반드시 필요한 것이 햇빛이에요. 만약 햇빛이 없다면 영양분을 합성할 수 없어요. 그래서 식물이 스스로 영양분을 합성하는 데 빛이 꼭 필요하다고 해서 이런 과정을 빛 광(光)자를 사용하여 광합성이라고 하지요.

　광합성 작용을 하는 녹색 색소 덕분에 우리는 푸른 산을 볼 수도 있는 것이지요. 가을에 나뭇잎의 색이 변하는 이유는 바로 이 엽록소가 파괴되어 다른 색소들이 보이기 때문이에요.

　만약 잎이 없다면 꽃은 어떻게 될까요? 영양분이 모자라서 더 이상 꽃이 피지 않을 거예요. 어린 나무에는 꽃이 피지 않는 이유도 양분이 충분하지 않기 때문이에요. 그런데 잎이 나오기도 전에 꽃이 피는 식물들이 있어요. 그것은 작년에 모아둔 영양분을 사용하기 때문에 가능한 일이랍니다.

애기똥풀

사마귀풀

우리 야생화를 만나요

우리 눈을 즐겁게 하는 꽃은 피는 시기가 각각 다르답니다. 우리가 부르기 좋도록 봄꽃, 여름꽃, 가을꽃, 겨울꽃으로 구분하지요. 하지만 꽃은 사실 봄과 여름 사이, 여름과 가을 사이 등 매달, 매주마다 핀답니다. 이것은 꽃들이 각각 좋아하는 온도와 햇빛을 쬐는 시간이 모두 다르기 때문이에요. 이 덕분에 우리는 사계절 내내 아름다운 꽃을 감상할 수 있답니다.

각 계절마다 어떤 꽃이 피는지 꽃을 만나러 떠나 보아요.

복수초

하늘말나리

쑥부쟁이

부지런한 봄꽃

꽃들이 기지개를 활짝 켜는 봄이 왔어요. 봄이 오면 얼었던 땅이 녹고 따뜻한 봄바람이 불어요. 얼었던 땅이 녹으면 식물들은 땅속의 물을 마시고, 싹을 틔우며 잎과 줄기를 키우지요. 그리고 햇빛을 받는 시간이 늘어나면서 꽃을 피운답니다. 꽃망울을 터뜨려서 가장 먼저 봄을 알리는 꽃은 바람꽃 종류예요. 뒤를 이어 복수초, 노루귀, 민들레, 냉이, 꽃다지, 제비꽃, 현호색, 봄맞이꽃 등이 피고 지면서 봄꽃 축제를 열어요.

> 와! 벌써
> 꽃이 피기
> 시작했어!

봄꽃은 부지런해요

산속에 사는 봄꽃은 새벽을 알리는 수탉처럼 부지런해요. 키가 큰 나

앉은부채
독성이 있어서 먹으면 안 돼요. 토끼, 들쥐, 청설모 등은 이른 봄 독성이 약하고 영양 만점일 때 앉은부채 꽃을 따 먹어요.

복수초
복을 받고 오래 살라는 뜻이 있어서 옛날부터 장수를 바라는 마음으로 어른들에게 선물하던 꽃이에요.

노루귀
흰색, 보라색, 분홍색 꽃이 앙증맞고 귀엽게 피어요. 꽃이 지고 나오는 어린 잎사귀가 노루귀와 닮았어요.

무들의 잎이 햇빛과 곤충들의 **시야**를 가리기 전에 곤충들을 불러 모아야 하기 때문이에요. 봄이 왔어도 산속은 여전히 춥답니다. 그래서 산속에 피는 봄꽃들은 햇빛을 따라가며 따뜻한 기운을 모은답니다. 그러면 겨우내 춥고 배고팠던 곤충들이 주변보다 따뜻하고 꿀과 꽃가루를 먹을 수 있는 봄꽃 주변에 모이지요. 꽃들은 그렇게 모인 곤충에게 꽃가루받이를 시켜서 자손을 남겨요. 특히 복수초나 노루귀 같은 꽃은 햇빛을 잘 모은답니다. 하지만 앉은부채 같은 꽃은 햇빛을 모으지 않고 **녹말**을 이용해 스스로 열을 낸답니다. 이른 봄에 산에 가면 가끔 꽃 주변에는 눈이 조금 있는 것을 볼 수 있어요. 이것은 꽃 주변의 온도가 주위의 온도보다 높아서 눈이 빨리 녹은 것이에요. 이 차이는 사람처럼 큰 동물들은 느끼기 힘들지 몰라도 크기가 작은 곤충들에게는 추위를 이겨낼 수 있게 해 주는 고마운 존재지요.

🌸 **시야**
눈이 볼 수 있는 범위예요.

🌸 **녹말**
녹색 식물의 뿌리, 줄기, 씨앗 등에 저장되는 탄수화물이에요.

꽃다지
냉이가 있는 곳에 꽃다지가 있어요. 그만큼 생긴 모습과 사는 모습이 비슷하지요. 꽃다지 꽃은 노랑색이고 냉이꽃은 흰색이에요.

봄꽃은 부지런해서 겨울 내내 준비를 하고 있다가 언 땅이 녹으면 피어요.

봄맞이꽃
이른 봄부터 피어요. 우리가 흔히 그리는 꽃그림처럼 생겨서 친숙한 꽃이에요.

꿩의바람꽃
꽃봉오리는 연붉홍 빛이 돌지만 꽃은 흰색으로 핀답니다. 복수초가 지고 나면 피는 꽃이에요.

모여 살아요

꽃대
꽃이 달려 있는 줄기를 말해요.

사진 찍어 가서 두고두고 봐야지!

이른 봄에 피는 꽃들은 대부분 키도 작고 크기도 작아요. 꽃대를 높이 올리기에는 시간도 부족하고 영양분도 부족하기 때문이에요. 그리고 꽃샘추위라도 몰려오면 얼어 죽을 수도 있기 때문에 땅 가까이에 엎드려서 꽃을 피운답니다. 그래서 다른 계절에 피는 꽃들보다 꽃의 크기가 작아요. 이렇게 꽃이 작으면 곤충 눈에 잘 띄기가 어려워요. 이럴 때 꽃은 어떻게 할까요? 바로 모여서 피는 거예요. 꽃 한 송이 한 송이는 작지만 여러 송이가 모여서 피면 곤충들의 눈에 잘 띄기 때문이지요. 그래서 꽃들도 사람들처럼 마을을 만들어 살아요.

이렇게 모여 사는 꽃들은 어떤 꽃이 있을까요? 마치 멸치 떼가 모인 것처럼 피는 현호색과 산괴불주머니, 고양이 눈을 닮은 괭이눈, 바람꽃 가족들, 나물로도 먹는 냉이꽃과 꽃다지, 맛은 쓸쓸하지만 김치를 담가 먹는 씀바귀, 고들빼기 등이 있어요. 그리고 아주 작아서 자세히 찾아야 보이는 별꽃, 꽃마리, 봄맞이꽃 등은 비록 작지만 모여

변산바람꽃
흰색 꽃잎으로 보이는 것은 꽃받침이 변한 것이고 진짜 꽃은 꽃술처럼 보이는 연두색 부분이에요.

좀씀바귀
씀바귀 중에서 비교적 귀한 꽃이에요. 양지바른 풀밭에서 모여 자라지요. 잎이 다른 씀바귀보다 작아요.

현호색
마치 멸치떼가 모여 있는 것처럼 생겼어요. 보라색, 하늘색, 자주색이 뒤섞인 꽃 색깔이 참 예쁩니다.

산괴불주머니
노란색 꽃이 피어요. 꽃을 조금만 건드려도 후두둑 떨어져요.

쇠별꽃
길가나 밭둑에서 흔히 자라요. 봄에 돋는 어린순을 나물로 먹기도 해요.

24

살며 큰 마을을 이루는 봄꽃들이에요.

이름이 재미있는 꽃들

봄꽃들 중에는 이름이 재미있는 꽃들이 많이 있어요. 그중에서도 동물의 이름을 붙인 꽃 이름이 많지요. 이른 봄에 산 속에서 피는 꽃 중에서 노루귀라는 꽃이 있어요. 그런데 정작 꽃을 보면 어디가 노루귀를 닮았는지 알쏭달쏭하기만 해요. 노루귀는 노루귀를 닮은 부분이 꽃이 아니라 잎이에요. 노루귀는 잎보다 꽃이 먼저 피어요. 그래서 꽃이 진 자리를 잘 관찰해 보면 솜털이 귀엽게 난 노루귀를 볼 수 있어요.

또 매발톱꽃은 꿀샘이 들어 있는 부분이 마치 매의 발톱처럼 생겼어요. 그러나 매의 발톱처럼 무섭지는 않아요. 파란색과 보라색이 뒤섞인 색깔이 참 예쁜 꽃이지요. 또 겨울 철새인 두루미를 닮은 두루미천남성이라는 꽃도 있어요.

꿀샘
꽃이나 잎에서 단물을 내는 조직이나 기관이에요.

노루귀 잎
솜털이 보송보송난 잎에 정말 노루귀를 닮았어요.

고들빼기
들에서 흔하게 볼 수 있어요. 잎이 줄기를 감싸며 나오고 봄에 꽃이 피어요. 하지만 왕고들빼기는 가을에 꽃이 피어요.

매발톱꽃
꿀샘이 있는 부위가 꼭 매발톱처럼 날카롭게 생겨서 붙은 이름이에요. 꽃과 잎이 아름다워서 화단에 즐겨 심지요.

냉이
꽃이 피기 전에는 바닥에 납작하게 엎드려 있어요. 된장국을 끓여 먹거나 나물을 무쳐 먹기도 해요.

꽃마리
꽃이 정말 작아서 땅에 거의 엎드려야 볼 수 있어요. 꽃이 피기 전에 줄기가 도르르 말려서 이름이 꽃말이, 꽃마리가 되었어요.

생김새가 아주 멋진 꽃이랍니다. 잎을 쫙 펼치면 마치 두루미의 날개처럼 생겼고, 길쭉한 꽃대를 쭉 올리면 두루미의 얼굴처럼 보여요. 하지만 두루미천남성은 대부분의 천남성과처럼 강한 독초이니 함부로 만지거나 따지 않는 것이 좋아요.

우리 주변에서 흔히 볼 수 있는 꽃 중에 제비꽃이 있어요. 제비를 닮지는 않았지만 제비가 날아오는 봄에 핀다고 이런 이름이 붙었나 보아요. 제비꽃은 종류가 매우 다양해요. 잎과 꽃을 자세히 보며 종류를 구별해 보세요.

산에서 계곡 주변이나 물기가 많은 곳을 자세히 들여다보세요. 그러면 고양이 눈을 닮은 괭이눈을 볼 수 있을 거예요. 괭이눈은

두루미천남성
산속 풀밭에서 자라요. 처음에는 굵은 막대 모양으로 솟아올랐다 자라면서 잎을 펼치면 마치 두루미처럼 보이지요.

여기서 잠깐!

제비꽃의 이름을 맞혀 보세요.

이른 봄 길가에서 흔히 볼 수 있는 제비꽃은 옛날부터 여러 가지 이름으로 불렸어요. 조선 시대에는 제비꽃이 필 때쯤 오랑캐가 쳐들어왔다고 해서 오랑캐꽃, 꽃 모양이 씨름하는 장수를 닮았다고 해서 장수꽃이라고도 했어요. 아래 사진은 종류가 다른 여러 가지 제비꽃이에요. 이 꽃들의 이름을 보기에서 골라 써 보세요.

| 보기 | 제비꽃 | 남산제비꽃 | 졸방제비꽃 | 알록제비꽃 |

(   )   (   )   (   )   (   )

도움말 졸방제비꽃은 흰색과 보라색이 섞여 피어요. 남산제비꽃은 꽃이 제법 크고 잎이 코스모스처럼 갈라져요. 알록제비꽃은 잎 앞면에 알록달록한 그물 모양 무늬가 있어요.

☞ 정답은 56쪽에

열매가 익으면 2개로 깊게 찢어져요. 이것이 마치 고양이 눈처럼 보여서 괭이눈이라고 하지요.

꽃 이름에는 '개'자가 들어가는 이름이 아주 많아요. 보통 크기가 작거나 쓸모가 적은 꽃들에게 '개'자를 붙였어요. 개별꽃, 개망초, 개불알풀 등. 개불알풀은 열매가 개의 불알을 닮았다고 붙인 이름이에요. 이름과 달리 귀엽게 생긴 봄꽃이에요. 봄까치꽃이라고도 하는데 주변 화단이나 풀밭에 흔하게 피어 있어요. 하지만 아주 작은 꽃이어서 자세히 관찰해야 찾을 수 있답니다.

괭이눈 좀 봐!
정말 고양이
눈 같아.

괭이눈
꽃이 작아서 곤충을 유인할 때는
잎을 노랗게 물들여서 눈에 띄게
하지요.

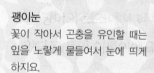

개별꽃
길가나 빈터에서 흔히 자라요.
키가 사람 허리 높이까지 자라는 것도
있어요. 전체에 털이 있고 가지가 많이
갈라져요.

개불알풀
산속이나 숲, 밭에서 자라요. 열매 모
양 때문에 재미있는 이름이 붙었지요.

꽃이 피지 않는 민꽃식물

식물 중에는 꽃이 피지 않는 식물이 있어요. 이런 식물을 민꽃식물이라고 해요. 이렇게 꽃이 없는 민꽃식물은 어떻게 자손을 퍼뜨릴까요? 그리고 어떤 식물들이 민꽃식물일까요? 함께 알아보아요.

고사리류

고사리는 꽃이 피지 않는 민꽃식물이에요. 고사리류를 양치식물이라고 하는데, 양치식물에는 고사리, 고비, 관중도 있어요. 이들은 모두 꽃이 없기 때문에 씨앗도 없답니다. 대신 홀씨라는 포자로 번식을 하지요.

고사리와 관중은 홀씨주머니가 대개 잎 뒷면에 줄지어 나 있지만 고비는 따로 홀씨 줄기를 올려서 홀씨*를 퍼뜨리지요. 그래서 심장 모양의 전엽체*를 만들고 거기에서 정자와 난자를 수정시켜서 어린고사리가 되는 독특한 방법으로 번식을 한답니다.

관중은 생긴 모습이 고사리와 비슷하며, 홀씨주머니가 고사리처럼 잎 뒷면에 있어요. 하지만 봄에 뿌리 줄기에서 한 번에 여러 개의 새싹이 마치 왕관처럼 나온답니다.

관중
한 뿌리에서 여러 줄기가 동시에 올라와 자라요. 다 자라면 깔때기 모양이 돼요. 습기가 많은 높은 산속에 자라요.

고사리
어린 순을 따다가 데쳐서 나물로 먹어요.

고사리 홀씨주머니
홀씨주머니가 잎 뒷면에 생겨요. 습기가 많은 산속에서 자라요.

관중 홀씨주머니
고사리처럼 꽃이 피지 않는 민꽃식물이라서 홀씨주머니로 번식해요. 잎 뒷면에 홀씨주머니가 생겨요.

이끼류

이끼도 고사리처럼 꽃을 피우지 않고 홀씨로 번식해요. 하지만 이끼류는 영양분을 옮기는 통로인 관다발이 없어요. 그래서 가장 덜 발달한 식물이라고도 하지요. 그렇지만 육지 식물 중에서 가장 오래된 식물이랍니다.

이끼는 그늘지고 습한 곳을 좋아해요. 크게 소나무를 닮은 솔이끼와 우산 모양을 닮은 우산이끼가 있어요. 솔이끼, 우산이끼 모두 암그루 수그루가 있으며, 각각에서 나온 정자와 난자가 만나 수정이 되면 만들어지는 홀씨가 퍼져서 어린 이끼로 번식하지요.

이 외에도 부처손, 물부추 같은 석송류와 쇠뜨기, 속새 같은 속새류 등이 홀씨로 번식을 하는 식물들이에요.

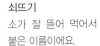

조류

바다에서 나는 해초류를 조류라고 해요. 조류는 색깔에 따라 녹조류, 갈조류, 홍조류로 구분하지요. 녹조류에는 파래가 있고, 갈조류에는 미역, 다시마가 있으며, 홍조류에는 김이 있어요. 모두 민꽃식물이어서 포자로 번식을 하고 그 포자는 물에 떠다니다가 적당한 환경을 만나서 자라지요. 어떤 학자들은 바로 이 조류가 육지로 올라가 이끼류가 되었다고도 해요.

---

* 홀씨 : 암수 구분이 없는 식물이 번식하는 데 필요한 세포를 말해요.
* 전엽체 : 양치식물의 홀씨가 싹터서 생긴 것이에요.

쇠뜨기
소가 잘 뜯어 먹어서 붙은 이름이에요.

솔이끼 홀씨주머니
뚜껑 같은 것이 열리고 포자가 날아 번식을 해요. 홀씨주머니를 달고 있는 것이 암그루예요.

우산이끼
우산 모양을 닮아서 붙인 이름이에요. 암그루와 수그루가 우산 모양이 달라요.

쇠뜨기 홀씨주머니
잎이 나오기 전에 홀씨주머니를 올려서 번식해요. 뱀머리처럼 생겨서 뱀밥이라고도 불려요.

색이 화려한 여름 꽃

부지런한 봄꽃이 지고 나면 여름이 찾아와요. 여름에는 봄에 비해 꽃의 수가 적다고요? 아니에요. 오히려 여름에 꽃이 더 많이 핀답니다. 숲이 우거지기 때문에 봄보다 꽃이 덜 보이는 것뿐이에요. 여름에는 기온이 높고 비도 많이 오고 곤충들도 봄에 비해 훨씬 많지요. 그래서 여름은 다양한 생물들이 활동하는 생명의 계절이에요. 여름에는 어떤 꽃들이 필까요?

키를 키우고 꽃도 키우고

여름 꽃은 대개 봄꽃보다 키가 크지요. 꽃도 크고요. 그것은 봄과 여름의 환경이 다르기 때문이에요. 여름에는 나뭇잎과 풀잎이 무성해

참나리의 주아
주아는 씨앗처럼 번식하는 데 사용해요. 꽃가루받이가 없이도 자신의 몸의 일부를 씨앗처럼 만들어 번식하지요. 이렇게 씨앗도 만들고 주아도 만들어 곤충이 오지 않더라도 번식한답니다.

하늘말나리
꽃이 하늘을 바라보고 있고 잎사귀가 우산처럼 생겼어요.

여름꽃은 봄꽃보다 색도 화려한 것 같아!

애기나리
꽃잎이 비스듬히 퍼지고 끝이 뾰족해요. 둥글고 검은 열매가 열려요.

뻐꾹나리
따뜻한 남쪽 지방에서 자라며 뻐꾸기가 우는 여름에 피어요. 생긴 모습이 독특하지요. 보호종이에요.

지지요. 그래서 꽃들이 곤충들을 불러 모으려면 꽃이 커야 해요. 물론 봄꽃처럼 모여서 피기도 해야 하고요. 그러려면 봄꽃보다 영양분을 많이 빨아올려야 하기 때문에 봄꽃처럼 일찍 필 수가 없답니다. 이처럼 식물이 꽃을 피우는 시기가 다 다르기 때문에 곤충은 언제나 먹이를 먹을 수 있고, 꽃들은 지나친 경쟁을 피할 수 있답니다.

여름철을 대표하는 꽃은 역시 나리꽃이에요. 나리꽃은 종류가 여러 가지예요. 가장 흔한 나리꽃은 잎겨드랑이에 씨앗 같은 주아가 열리는 참나리예요. 그리고 참나리와 비슷하지만 주아가 열리지 않는 중나리, 하늘을 보고 있는 하늘나리, 우산살처럼 줄기에 잎이 돌려 나 있는 말나리도 있어요. 하늘을 보고 있고 우산살 같은 잎도 있는 하늘말나리, 분홍색 꽃이 매우 아름답고 보호종인 솔나리, 점점 수가 줄어드는 뻐꾹나리가 있지요.

🌸 **주아**
자라서 줄기가 되어 꽃을 피우거나 열매를 맺는 싹이에요.

🌸 **보호종**
개체 수가 줄어들고 있어서 보호해야 할 필요가 있는 것을 말해요.

애기원추리
노란색 꽃을 피우며 6장의 꽃잎 크기가 비슷해요.

왕원추리
자주색의 꽃을 피우며 원추리보다 꽃이 크지요.

각시원추리
노란색 꽃을 피우는데 6장의 꽃잎 중 세 장은 크고 세 장은 작아요.

여름에 빠질 수 없는 꽃으로 원추리가 있어요. 원추리, 노랑원추리, 애기원추리, 각시원추리, 왕원추리 등의 원추리 식구예요. 이름과 모양이 비슷비슷하면서 여름철을 대표하는 꽃들이지요. 나리꽃이나 원추리꽃 모두 백합과로서 친척 식물들이에요. 우리나라 여름꽃은 백합과 꽃들이 대표적이에요.

우리는 물가를 좋아해요

여름에는 비가 많이 내리고 습도가 높아서 물을 좋아하는 꽃들이 많이 피어요. 붓꽃, 꽃창포, 범부채 등의 붓꽃과 식물들과 어수리, 궁궁이 등의 미나리과 식물들이 있어요. 그 밖에 손으로 살짝 건드리면 씨앗이 톡 터지는 물봉선, 위에서 내려다보면 열십자 모양인 부처꽃,

여기서 잠깐!

수염가래꽃을 찾아보세요.

수염가래꽃은 생긴 모양이 할아버지 수염 같고, 수염처럼 갈라진 꽃이라는 의미로 수염가래꽃이라고 해요. 논둑 같은 곳에 흔히 자라는 아주 작은 꽃이에요.

범부채
주황색 꽃을 피워요. 알록달록한 무늬가 있고 잎이 겹겹이 둘러싸인 부채 모양이에요.

물봉선
손으로 살짝 건드리기만 해도 씨앗이 터진답니다. 우리 토종 꽃이에요.

부처꽃
물가 주변에서 피어요. 분홍색 꽃차례가 매우 인상적이에요.

씨앗의 색깔이 아주 예쁜 숫잔대, 꽃 모양이 서로 비슷비슷한 미나리아재비 등의 식물들이 물가를 좋아하는 식물이에요.

그리고 아예 물에 들어가서 사는 꽃들이 있어요. 수련, 노랑어리연 등이지요. 그리고 우리나라에서만 자라며 보호종인 가시연꽃이 있어요. 꽃보다도 울퉁불퉁하고 뾰족뾰족한 잎이 유명하지요. 참, 멸종위기 보호종인 매화마름도 있어요.

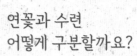

연꽃과 수련 어떻게 구분할까요?

연꽃은 원래 아시아 남쪽이 고향인 꽃이에요. 꽃의 크기도 크고 잎도 아주 크며 향기가 그윽하답니다. 연꽃과 수련을 구분할 때는 꽃대를 자세히 살펴보아요. 꽃대가 물 위로 길게 나와 있으면 연꽃, 물 위에 꽃이 떠 있는 것처럼 피어 있으면 수련이지요. 연은 연밥과 꽃이 함께 열리지만 수련은 꽃이 지고 난 뒤 열매가 열린답니다.

연꽃   수련

숫잔대
습한 곳을 좋아하고 고산습지에서도 잘 자라요. 보라색 꽃부리가 위아래로 갈라지고 아래 꽃잎은 다시 세 갈래로 갈라져요.

매화마름
꽃은 물매화처럼 생겼고 잎은 붕어마름처럼 생겨서 붙여진 이름이에요. 우리나라에서는 강화도의 일부 논에서 관찰할 수 있어요.

노랑어리연꽃
노란 꽃잎 주변에 레이스 같은 것이 달려서 화려해 보여요.

가시연꽃
남부 지방 습지에서 자라며 온몸에 가시가 나 있는 수련과 식물이에요. 멸종 위기에 처해 있어요.

냄새가 지독해요

사람들은 흔히 꽃하면 예쁜 색깔과 향기를 떠올리지요. 하지만 그 윽한 향기 대신 지독한 향기를 풍기는 꽃들이 있어요. 오줌 냄새 비 슷한 향이 나는 마타리와 애기앉은부채, 고기 누린내가 난다는 누린 내풀, 꽃은 정말 아름답지만 냄새는 이상한 백선, 생선 썩는 냄새가 난다는 어성초, 뿌리에서 노루의 오줌 냄새가 난다는 노루오줌 등이 있어요.

이렇게 이상한 냄새를 풍기는 까닭은 꽃에 날아오는 곤충 때문이에 요. 이런 구린내를 좋아하는 파리를 불러 모으기 위한 것이지요.

곤충을 잡아먹어요

식물은 광합성 작용을 통해 대부분의 영양분을 만 들고 자라지요. 그리고 동물은 식물을 먹고 생명을

애기앉은부채
산에서 자라며 흔히 볼 수 없는 희귀 식물이에요.

마타리
노랗게 피는 꽃이 아주 예쁘지만 냄 새가 고약해서 파리들이 주로 날아와 꽃가루받이를 시켜요.

누린내풀
풀에서 역겨운 냄새가 나서 누린내풀이라고 해요.

노루오줌
분홍색 솜사탕 같은 꽃이 피어요. 뿌리 에서 노루오줌 냄새가 난다고 해서 붙 여진 이름이에요.

유지해요. 그것이 자연의 이치예요. 하지만 조금 독특한 방식으로 영양분을 섭취하는 식물들이 있어요. 바로 식충식물들이에요. 식충식물이란 벌레를 먹는 식물이에요. 식물도 생명이니 영양분을 섭취해야 하는데 대부분의 식물들은 태양 빛이나 땅속의 양분을 뿌리로 흡수해서 살지요. 하지만 식충식물은 곤충을 잡아먹으면서 영양분을 얻기도 해요.

우리나라의 식충식물들은 대부분 깊은 산 물기가 아주 많은 곳에서 살고 있어요. 끈끈한 주걱 같은 것으로 벌레를 잡는 끈끈이주걱과 끈끈이귀개, 물속에서 물을 빨아들이며 물벼룩 같은 작은 생물을 잡아먹는 통발 등이 있어요. 요즘 많이 기르는 벌레잡이통풀과 파리지옥은 외국에서 들어온 것이에요.

식충식물은 곤충을 잡아먹으며 영양분을 얻어요.

끈끈이주걱
끈끈한 액이 묻어있는 주걱으로 곤충을 잡아먹어요. 물기가 아주 많은 곳에서 자라지요.

파리지옥
북아메리카 습지가 고향이에요.
곤충을 유인하여 덫처럼 가두어 잡아먹어요.

벌레잡이통풀
네펜데스라고도 불러요. 열대 지방 섬이 고향인데.
길쭉한 통에 벌레를 유인하는 액체를 넣고 잡아서 천천히 소화시켜요.

외국에서 온 귀화 식물

　식물은 고향에 따라 자생 식물, 외래 식물, 귀화 식물로 나눌 수 있어요. 자생 식물은 우리나라를 고향으로 삼고 스스로 자라는 식물을 말해요. 그리고 외국이 고향인 식물들이 있어요. 그중에서 사람이 꼭 심어서 길러야만 자라는 식물을 외래 식물이라고 하고, 외국에서 들어왔지만 우리나라에서 스스로 번식해서 자랄 수 있는 식물을 귀화 식물이라고 해요. 외래 식물은 벼, 보리, 감자, 고구마, 배추 등의 곡식이나 채소와 봉숭아, 해바라기 등의 원예 식물들도 있어요.

　그렇다면 귀화 식물에는 어떤 것들이 있을까요? 우리나라에 자리를 잡은 귀화 식물의 수는 200종이 넘는다고 해요. 번식력이 왕성해서 주변에서 흔히 볼 수 있어요. 개망초,

서양민들레
양지바른 들판에서 봄부터 가을까지 피어요. 총포(꽃받침)가 아래로 젖혀져 있어요.

미국가막살이
북아메리카가 고향이에요. 씨앗이 동물의 털이나 사람의 옷에 잘 달라붙어요.

개망초
길가나 빈터에서 흔히 자라요. 키가 사람 허리 높이까지 자라는 것도 있어요. 전체에 털이 있고 가지가 많이 갈라져요.

망초, 달맞이꽃, 미국쑥부쟁이, 미국가막살이, 돼지풀, 단풍잎돼지풀, 토끼풀, 빨간토끼풀, 서양민들레, 도깨비바늘, 별꽃아재비 등 셀 수 없이 많아요.

이 중에서 돼지풀과 단풍잎돼지풀의 꽃가루는 사람들에게 알레르기를 일으켜 문제가 되고 있어요. 그리고 대부분의 귀화 식물은 농작물에게 피해를 입히기도 하고 우리 토종 식물들을 밀어내 자신이 주인 노릇을 하려고도 한답니다.

하지만 식물들이 퍼져나가는 것을 완전히 막을 수는 없어요. 지금은 귀화 식물들은 공장이나 하천 등 우리 토종 식물들이 잘 자라지 못하는 곳에 뿌리를 내리고 있지요. 하지만 번식력이 왕성한 귀화 식물이 언젠가는 토종 식물들의 보금자리마저도 빼앗을지 몰라요. 그렇게 되면 우리 생태계는 너무 혼란스러워질 거에요. 나부터 이를 막기 위한 관심을 기울이는 것은 어떨까요?

달맞이꽃
저녁에 피는 꽃이에요. 노란 꽃이 겹으로 피어나 있으면 겹달맞이꽃이라고 해요.

토끼풀
클로버라고도 하지요. 우리나라에 워낙 잘 정착해서 거의 토종이 되어가고 있어요. 네잎클로버는 돌연변이라고 해요.

붉은토끼풀
사료로 들여왔는데 널리 퍼졌어요. 고향은 유럽이고 꽃이 빨갛고 키가 커서 토끼풀과 쉽게 구별돼요.

다음 해를 준비해요, 가을꽃

뜨거웠던 여름이 가면 북쪽에서 시원한 바람이 불기 시작해요. 비 오거나 흐린 날보다 맑은 날씨가 많아지지요. 낮에는 햇빛이 여전히 따갑지만 아침 저녁엔 제법 쌀쌀하고요. 가을이 왔기 때문이에요.

식물들은 가을이 오면 겨울을 날 준비를 해요. 겨울 추위로부터 몸을 보호하기 위해 나무들은 잎을 떨어뜨리지요. 풀꽃들도 후손을 남기기 위해 열매를 맺는답니다. 그리고 잎에 있던 양분은 최소한만 남기고 땅속 뿌리에 옮겨 저장해요. 자, 그럼 가을을 지키고 있는 가을꽃들을 만나 볼까요?

들국화라는 꽃은 없어요

가을을 대표하는 꽃은 뭐니뭐니해도 국화예요. 그런데 실제로 우리

쑥부쟁이
보라색 들국화들 중에서 가장 가냘프고 덤불처럼 모여 피어요.

산국
꽃이 작아서 모여서 피어요. 산국을 마지막으로 가을꽃은 더 이상 피지 않는다고 봐도 좋을 만큼 늦게 피어요.

감국
혀모양꽃이 산국에 비해서 길고 듬성듬성 피어요. 단맛이 나는 국화라는 뜻이에요.

미국쑥부쟁이
줄기 부분이 나무처럼 단단해요. 혀 모양 꽃이 거의 흰색이지요. 줄기에 털이 많이 있어요.

들판에서 국화를 볼 수는 없답니다. 우리가 흔히 국화라고 부르는 식물은 대부분 사람들이 품종을 개량해서 만든 국화과 식물들을 묶어서 부르는 말이에요.

그럼 들판에 흔하게 피어 있는 국화는 무엇일까요? 혹시 '들국화' 아니냐고요? 아니에요. 들국화도 들판에 피어나는 국화과 식물들을 한꺼번에 부르는 이름이에요. 들국화라는 식물은 없답니다. 하지만 각자 이름이 있는 아름다운 들꽃들을 모조리 한 가지 이름으로 불러서는 안 돼요.

그럼 흔히 들국화라고 부르는 꽃은 어떤 꽃일까요? 들판에서 흔하게 만날 수 있는 감국과 산국이 있어요. 감국과 산국은 모두 꽃이 노랗고, 꽃 크기가 어른 엄지손톱만 해서 구별하기가 어려워요. 하지만 조금만 자세히 보면 다른 점이 있답니다.

감국과 산국은 어떻게 다를까?

산구절초
꽃 색깔은 구절초와 비슷하지만 잎이 좁게 갈라지는 것이 달라요.

구절초
처음 꽃이 필 때는 연한 붉은색이었다가 나중에는 흰색으로 변해요. 줄기와 잎을 약초로 사용해요. 음력 9월 9일에 채취한 것이 약효가 좋아 구절초라는 이름이 붙었어요.

벌개미취
잎이 길쭉길쭉해요. 보라색 들국화들 중에 꽃이 가장 크며 잎에 톱니가 없어요. 개미취는 잎에 톱니가 있고 키가 크지요.

산국은 한 포기마다 꽃들이 몽실몽실 모여서 촘촘하게 피지만, 감국은 산국에 비해 꽃송이의 수가 좀 적답니다. 그리고 산국은 혀 모양 꽃잎이 짧지만, 감국은 더 길쭉하지요. 그리고 감국과 산국은 피는 지역이 조금 달라요. 감국은 중부 지방보다 남부 지방에 더 많이 피고 있어요. 중부 지방 산에서 노란 국화를 만나면 산국이라고 생각해도 거의 틀리지 않을 거예요.

그리고 들국화 중에는 보라색 꽃을 피우는 것들이 있어요. 보라색 꽃이 피는 들국화는 쑥부쟁이 종류, 개미취, 벌개미취가 있어요. 이 꽃들은 모두 비슷비슷하게 생겨서 어떤 것이 쑥부쟁이이고 어떤 것이 개미취인지, 벌개미취인지 구분하기가 어려워요. 하지만 크게 세 가지 특징만 알고 있다면 그리 어려운 일은 아니랍니다. 줄기와 잎이 좀 지저분하게 얽혀 있다면 쑥부쟁이 종류가 분명해요. 그리고 꽃이 쑥부쟁이보다 약간 크고 아래쪽의 잎이 크게 자라면 개미취예요. 마지막으로 벌개미취는 잎이 길쭉하고 톱니가 없으면서 혀 모양 꽃이

수크령
양지 바른 길가에서 흔히 자라요. 원기둥 모양의 꽃이 피지요. 강아지풀보다 크기가 크답니다.

강아지풀
모양이 개꼬리처럼 생겨서 시골 사람들은 개꼬리풀이라고 부르기도 해요.

수크령 무더기
수크령은 무더기로 모여 피는 것을 좋아해요. 이렇게 모여 있는 것을 보면 복슬강아지 같아 보이기도 하지요.

촘촘하답니다. 사진을 보면서 어떻게 다른지 잘 살펴보세요.

너무 어렵다고요? 그래서 들국화 종류를 모두 다 알면 식물 공부는 다 했다는 말도 있을 정도예요. 하지만 꽃들에게 계속 관심을 가진다면 언젠가는 저 멀리서 봐도 그 꽃이 어떤 꽃인지 알아볼 수 있을 거예요.

나도 꽃이에요

모든 꽃이 화려하게 피는 것은 아니에요. 소박하고 작게 꽃을 피워 다른 꽃들을 돋보이게 해 아름다운 풍경의 배경이 될 줄 아는 꽃도 있답니다. 바로 강아지풀, 수크령, 갈대, 억새 같은 꽃들이에요.

식물들 몸속에는 시계가 들어 있어요

파이토크롬이라는 색소가 있어요. 이 색소는 빛을 감지할 수 있어요. 그래서 하루 동안 햇빛이 비치는 시간을 잰답니다. 오늘 하루 낮의 길이가 길었는지 짧았는지 알아차리고 식물에게 계절이 바뀌었다는 것을 알려 주어요.

그러면 식물은 꽃을 피울 것인지, 키를 키울 것인지, 낙엽을 떨어뜨릴 것인지, 열매를 준비할 것인지 결정하지요. 즉, 봄꽃들은 낮이 긴 봄에 꽃을 피우고, 가을꽃들은 낮이 짧아진 가을에 꽃을 피우는 것이지요. 이렇게 가을을 환하게 지키는 가을꽃들 덕분에 쌀쌀한 가을을 아름답게 보낼 수 있답니다.

갈대
물가나 바닷가를 좋아해요. 오염 물질을 잘 흡수하여 물을 깨끗하게 정화시켜 주지요.

억새
산이나 들에 피어요. 갈대에 비해서 꽃이 한 방향으로 차분하게 피어요. 잎을 잘못 만지면 손을 베니 톱니가 누워 있는 방향으로 만져야 해요.

강아지풀을 모르는 사람은 아마 없을 거예요. 그런데 강아지풀을 주위에서 너무 흔하게 볼 수 있어서 아름다움을 놓치는 사람이 많아요. 저녁 무렵 노을빛을 은은하게 받고 있는 강아지풀을 보면 정말 아름답습니다. 그건 수크령이라는 꽃도 마찬가지예요. 수크령 역시 강아지풀의 먼 친척쯤 되는 꽃이에요. 강아지풀보다 훨씬 크고 모여서 핀답니다.

그리고 갈대와 억새를 많이 혼동하는데 쉽게 구분하는 방법이 있어요. 꽃 모양이 머리를 예쁘게 빗어 넘긴 것 같으면 억새, 꽃 모양이 빗질을 하지 않은 머리카락처럼 엉클어져 있으면 갈대예요. 그리고 높은 산에 피어 있는 것은 주로 억새이고, 바닷가에 피어 있는 것은 갈대랍니다.

만약 이들이 없다면 가을 풍경이 무척 어색할 거예요. 갈대와 억새, 강아지풀과 수크령은 가을을 더 아름답게 하는 꽃들이에요.

여기서 잠깐! 사진과 이름을 연결해 보세요.

아래 사진 속의 꽃들은 봄부터 가을까지 우리 주변에서 볼 수 있는 꽃들이에요. 이름과 사진을 맞게 연결해 보세요.

수크령   변산바람꽃   물봉선   산국

☞ 정답은 56쪽에

풀꽃들은 겨울을 어떻게 날까

나무들은 잎을 떨어뜨려 겨울을 나지요. 그런데 풀꽃들은 어떻게 겨울을 날까요? 저마다 다른 방법으로 겨울 추위를 이겨 내며 다음 해 봄을 기다려요.

씨앗을 남겨요

먼저 추위에 아주 약한 한해살이풀은 말 그대로 1년만 살고 씨앗을 남겨서 자손을 유지해요. 자가수정한 씨앗이라면 자기 자신을 그대로 남기는 것이기 때문에 이것도 엄연히 겨울을 나는 방법이에요.

땅바닥에 엎드려요

질경이 같은 두해살이풀들은 방석 모양의 로제트로 겨울을 나요. 땅에 납작하게 붙으면 바람과 추위를 어느 정도 피할 수 있어서 줄기와 줄기 잎을 모두 떨어뜨린 뒤 겨울을 버티는 것이지요. 로제트는 장미의 로즈에서 나온 말이래요. 잎을 쫙 펼친 모습이 장미를 닮았다고 붙인 이름이에요.

로제트(냉이)

비늘줄기, 뿌리줄기로 견뎌요

나리꽃 종류와 얼레지, 무릇 등은 비늘줄기로 겨울을 나지요. 땅속에 있는 양분들을 비늘줄기라는 땅속의 줄기에 저장하여 겨울을 이겨 낸답니다. 또 둥글레, 애기나리, 은방울꽃 등은 뿌리줄기를 해마다 옆으로 뻗어 자라며 겨울을 나지요.

뿌리만 남겨요

뿌리줄기나 비늘줄기는 땅속에 있지만 엄연히 뿌리와는 다른 줄기예요. 뿌리만 남기고 겨울을 나는 식물은 우리가 주로 뿌리를 먹는 식물들을 떠올리면 쉬워요. 도라지, 더덕, 인삼, 산삼이 바로 뿌리로 겨울을 이겨 내는 식물이에요.

땅 위에 겨울눈을 남겨요   겨울눈을 땅속에 남겨요

나무에 피는 꽃

지금까지는 풀에 피는 꽃들에 대해서 알아보았어요. 그래서 이번에는 나무에 피는 꽃들에 대해서도 알아보아요. 나무도 당연히 식물이니까 씨앗을 만들어 자손을 남기려면 꽃을 피워야 한답니다. 그럼 나무에 피는 꽃들은 어떤 것들이 있을까요?

풀과 나무는 어떻게 다를까요?

나무는 나무 줄기라고 할 만한 갈색 기둥 부분이 있어야 해요. 그리고 그 줄기가 다음 해까지도 남아서 자라야 하고요. 옥수수나 명아주 같은 몇몇 키가 큰 풀들은 풀 치고는 아주 두껍게 줄기가 자라지만 겨울을 버티지 못하고 사라져요. 그래서 풀이지요. 그런데 국수나무나 산딸기나무처럼 키가 작은 나무는 줄기가 가늘긴 하지만 겨울을 견디고 다음 해에 또 싹을 틔우는 엄연한 나무랍니다.

짧은 시간에 꽃을 많이 피워요

나무도 꽃가루받이를 하기 위해서는 곤충의 도움을 받아야 한답니다. 그러려면 다른 나무들보다 눈에 잘 보여야 하겠지요? 그러려면 꽃을 최대한 많이 오랫동안 달고 있어야 해요. 그래야 곤충들이 날아올 확률이 높아지고 자손을 남길 가능성이 커지기 때문이지요. 봄에 피는 꽃들은 대부분 짧은 기간 동안 꽃을 피웠다가 한꺼번에 떨어뜨리지요. 벚꽃, 살구꽃, 복숭아꽃, 매화꽃 등

벚꽃
벚꽃은 눈처럼 환한 꽃잎이 피어요. 그리고 질 때도 눈이 내리는 것처럼 화려하게 꽃잎이 날리지요.

살구꽃
꽃은 4월에 피고 살구는 6월에 열려요. 연붉은색 꽃이 피어요. 옛날에는 과거를 보던 때에 살구꽃이 피던 시기가 과거를 보던 시기여서 급제화라고도 했어요.

무궁화
우리나라 국화이지만 고향은 우리나라보다 더 따뜻한 나라예요. 무궁화는 오랫동안 피고 지기를 반복하지요.

의 장미과 나무들, 목련 종류들처럼 봄을 화려하게 장식하는 꽃들은 대부분 한꺼번에 꽃을 피워 곤충의 눈에 잘 띄는 방법을 택한 나무꽃들이랍니다.

꾸준히 오랫동안 피어요

오랫동안 꽃이 피는 방법으로 곤충을 유인하는 꽃들이 있어요. 대표적인 꽃이 바로 우리나라 국화인 무궁화예요. 말 그대로 무궁히 피고 지지요. 한 송이 지고 나면 또 한 송이, 한 송이 떨어지면 또 한 송이가 피어 한 달 정도 꽃이 피어요.

배롱나무는 약 백 일 동안 꽃이 피었다가 지기를 반복하지요. 이렇게 짧고 굵게 피는 꽃과 오랫동안 소박하게 피는 꽃이 조화를 이루어 곤충들은 굶지 않고 먹이를 먹을 수 있고, 사람들은 오랫동안 꽃을 볼 수 있는 거지요.

대나무는 나무일까 풀일까?

대나무는 나무처럼 생긴 줄기 부분이 있고 그 줄기 부분이 겨울에 사라지지 않고 계속 자라지요. 그럼 나무라고 할 수 있겠네요? 그런데 나무와 약간 다른 점이 있어요. 나무는 해마다 옆으로 두껍게 자라는 부피생장을 해서 나이테가 있지만 대나무는 풀처럼 위로만 자라고 부피생장을 하지 못해서 나이테가 없답니다. 게다가 꽃이 피고나면 줄기가 죽기 때문에 풀인 것도 같아요. 같은 과인 벼과 식물 모두 풀이라는 점 때문에 대나무가 풀이 아닐까 생각하지만 아직 정확히 밝혀지지는 않았다고 해요.

대나무

복숭아나무꽃
복숭아가 열리며 산에서 만나는 나무들은 대부분 개복숭아랍니다. 잎이 버드나무처럼 길쭉해서 다른 장미과 나무들과 구별됩니다.

배롱나무
백 일 동안 붉다는 뜻이 담긴 이름이에요. 꽃이 피고 지기를 100일 정도 반복해요. 중간 가지를 간질이면 전체가 떨어서 간지럼나무라고도 불러요.

꽃은 우리의 마음과 같아요

　이제 꽃 여행을 마칠 시간이에요. 각 계절마다 피는 아름다운 꽃을 본 느낌은 어떠했나요? 아직 겨울의 쌀쌀한 기운이 남아 있는 이른 봄에 살며시 고개를 내민 꽃들을 보니 우리의 마음도 아름다워지는 것 같지 않았나요?

　우리가 모르는 사이 꽃들은 부지런히 준비를 하고 있었답니다. 눈 밑에서 추위를 견디며 봄을 기다렸지요. 수많은 꽃들이 그렇게 봄을 준비한답니다.

　그런데 환경오염 때문에 우리 주변에 피었던 많은 꽃들이 점점 사라지고 있어요. 그 자리를 외국에서 들어온 외래 식물들이 채우고 있지요. 이렇게 꽃을 다치게 하는 일은 우리의 생명을 다

치게 하는 하는 것과 마찬가지예요. 꽃이 살아가는 보금자리는 바로 우리 주변에 있었어요. 그런데 우리가 자연 환경을 파괴하거나 온갖 오염 물질을 내보내서 그 자리를 빼앗아 버린 거지요. 그래서 산, 들, 강가 우리 주변 등을 오염되지 않게 잘 가꾸는 것이 꽃을 지키는 일이에요.

우리가 조금만 관심을 기울이고 준비한다면 꽃과 함께 아름답게 살 수 있을 거예요. 여러분도 지금부터 꽃을 사랑하고 아끼는 마음, 꽃과 함께 살고 싶은 마음으로 꽃을 대하도록 해 보아요. 그러면 꽃은 우리의 마음이 될 거예요.

나는 🌸 박사!

꽃에 대해 알아보고 나니 꽃과 친해질 수 있다는 자신감이 생겼지요? 그동안 우리가 이름 모를 들꽃으로만 알고 있었던 꽃들에게는 모두 이름이 있었음을 알았어요. 그리고 꽃들도 살아가기 위해 치열한 경쟁을 하고 있다는 것도요. 그럼, 꽃에 대해 얼마나 알고 있는지 다음 문제들을 풀면서 확인해 보세요.

1 알맞은 이름을 써보세요.

다음 그림은 꽃의 구조예요. **보기** 에서 각 부분의 이름을 찾아 써 보세요.

| **보기** | 암술머리 | 수술 | 암술대 | 꽃잎 | 씨방 | 밑씨 | 꽃턱 | 꽃받침 |

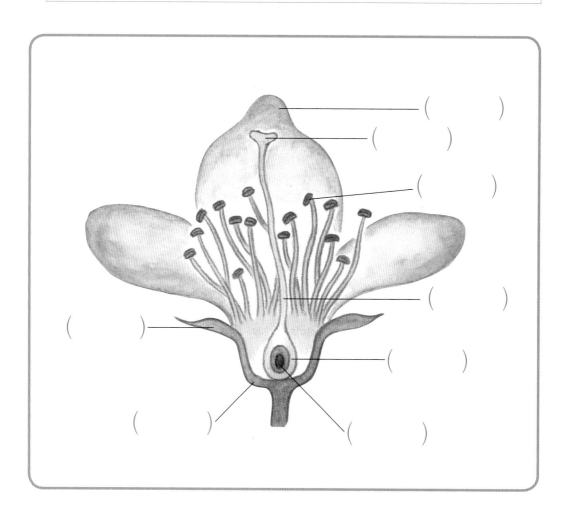

❷ O나 X로 답해 보세요.

다음은 꽃에 관한 설명이에요. 이 설명을 잘 읽고 맞는 것에는 O, 틀린 것에는 X로 답하세요.

1) 꽃잎, 암술, 수술만 있으면 '갖춘꽃'이에요. (   )

2) 꽃잎이 모인 꽃송이를 꽃부리라고 해요. (   )

3) 통꽃은 꽃이 갈라져 있어요. (   )

4) 꽃이 차례로 매달리는 것을 꽃차례라고 해요. (   )

5) 꽃은 씨앗을 퍼뜨릴 때 동물의 도움을 받기도 해요. (   )

6) 갈래꽃은 꽃잎이 갈라져 있는 꽃이에요. (   )

7) 꽃은 반드시 남의 꽃가루로만 꽃가루받이를 해요. (   )

❸ 알맞은 것을 찾아 줄로 그어 보세요.

다음 그림은 꽃이 꽃가루를 날려 보내는 방법이에요. 그림과 설명을 잘 보고 알맞은 것끼리 줄로 그어 보세요.

충매화 •

• 곤충들이 꽃가루를 이 꽃에서 저꽃으로 옮겨 수정해 주어요.

풍매화 •

• 꽃가루를 바람에 날려 보내요.

수매화 •

• 물을 이용해 꽃가루를 퍼뜨려요.

☞ 정답은 56쪽에

나는 꽃 박사!

④ 씨앗의 모양과 씨앗이 퍼지는 방법을 바르게 이어 보세요.

다음 그림을 잘 보고 씨앗을 날리는 방법과 씨앗을 알맞게 연결해 보세요.

❺ 꽃의 이름을 써 보세요.

각각 계절을 대표하는 꽃의 사진과 설명이에요. 알맞은 이름을 보기 에서 찾아 써 보세요.

보기	봄맞이꽃	하늘말나리	매화마름	마타리	노루귀	산국

꽃이 아주 작아서 한데 모여 살아 요. 꽃이 하늘을 보고 있고 우산살 같은 잎이 있어요.

(   )

흰색, 보라색, 분홍색 정말 앙증맞고 귀엽게 피어요. 꽃이 지고 나오는 어린 잎사귀가 노루귀와 닮았어요.

(   )

꽃이 작아서 모여서 피어요. 이 꽃 을 마지막으로 가을꽃은 더 이상 피 지 않는다고 봐도 좋을 만큼 늦게 피어요.

(   )

꽃이 하늘을 바라보고 있고 잎사귀 가 우산처럼 생겼어요.

(   )

꽃은 물매화처럼 생겼고 잎은 붕어 마름처럼 생겨서 붙여진 이름이랍 니다. 우리나라에서는 강화도 일부 논에서 관찰할 수 있어요.

(   )

노랗게 피는 꽃이 아주 예쁘지만 냄새가 고약해서 파리들이 주로 날 아와 꽃가루받이를 시켜요.

(   )

☞ 정답은 56쪽에

꽃 도감 만들기

꽃을 본 소감이 어떤가요? 봄부터 가을까지 우리 주변과 산, 들에서는 정말 많이 꽃이 피고 졌지요. 그 꽃들을 기억하며 도감을 만들어 보아요. 그동안 본 꽃 중에서 가장 마음에 들었던 꽃, 가장 예뻤던 꽃 등 어떤 기준을 정해서 꽃을 고르고 도감을 만들어 보아요.

① 겉장을 만들어요.

두꺼운 종이를 두 장 준비해서 겉장을 만들어요. 겉장에 제목과 자기의 이름을 적는 것도 잊지 마세요.

② 속 종이를 채워요.

내용을 쓸 흰 종이를 준비해요. 종이와 종이 사이에 하얀 습자지를 끼우면 꽃의 습기도 없앨 수 있지요.

③ 겉장 사이에 속 종이를 넣고 묶어요.

뒷장을 깔고 그 위에 속 종이를 채우고, 앞장을 덮은 뒤에 끈이나 리본을 꿰어서 묶어서 도감을 묶어 주세요.

꽃 이름	붓꽃
곳	아파트 화단
날짜	10월 5일

※ 꽃을 그려 주세요.

※ 꽃 사진을 붙여 주세요.

길이 : 70cm
꽃 크기 : 2.5cm

특징
나팔처럼 길게
나와서 펼쳐짐.

수술 5개
암술 1개

꽃써가 검고 둥글다.
 0.5cm

노란색, 흰색도 있음.

꽃 이름	참나리
곳	덕유산
날짜	8월 30일

길이 : 80cm
꽃 크기 : 10cm

특징 꽃잎 6장
· 가운데 보라 무늬가
있음.
· 꽃봉오리가 통통하고
큼.

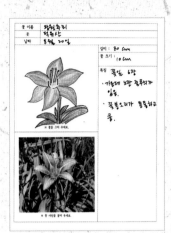

※ 꽃을 그려 주세요.

※ 꽃 사진을 붙여 주세요.

꽃 이름	개나리
곳	아파트 화단
날짜	4월 13일

길이 : 1m 넘는 나무
꽃 크기 : 1cm ~ 2cm

특징
꽃잎이 네 갈래로
나뉘어 졌음.

기다란 줄기에
꽃이 많이 달려 있음.

※ 꽃을 그려 주세요.

※ 꽃 사진을 붙여 주세요.

❶ 꽃의 이름은 무엇일까요?
도감에서 제일 주인공이 꽃인 만큼 꽃의 이름을 써 주세요.

❷ 언제 어디에서 본 건가요?
꽃을 본 시기와 장소를 써 주세요. 몇 월인지, 어느 산인지, 그늘인지 양지인지 써 두면 꽃의 특징을 아는데 도움이 되요.

❸ 꽃을 그려요.
내가 찾은 꽃이 무엇인지 자세히 보고 그려 주세요. 꽃을 그릴 때에는 꽃부터 잎까지 모두 그려야 나중에 봐도 어떤 꽃인지 알 수 있어요.

❹ 꽃을 재어 보세요.
꽃을 본 곳에서 꽃의 길이나 높이를 재어 보세요. 땅에서부터 꽃이 있는 곳까지의 높이를 재어 보세요.

❺ 꽃의 사진을 붙여 주세요.
마지막으로 내가 찾은 꽃이 어떤 것인지 책에서 사진도 붙여 보세요.

❻ 꽃을 더 자세히 봐요.
표본에서 꽃의 크기를 재어서 써 주세요. 꽃잎의 개수를 세고 색깔도 써 주고, 자세히 기록할수록 더 좋아요.

이 책에 나온 꽃들

26쪽

남산제비꽃   알록제비꽃   졸방제비꽃   제비꽃

42쪽

수크령   변산바람꽃   물봉선   산국

❶ 알맞은 이름을 써보세요.

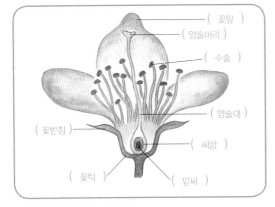

(꽃잎)
(암술머리)
(수술)
(암술대)
(꽃받침)
(씨방)
(꽃턱)
(밑씨)

❷ O나 X로 답해 보세요.

1) ×   2) ○   3) ×   4) ○   5) ○   6) ○   7) ×

❸ 알맞은 것을 찾아 줄로 그어 보세요.

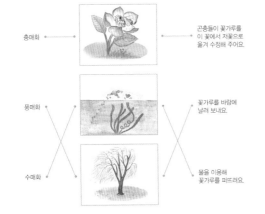

충매화

풍매화

수매화

곤충들이 꽃가루를 이 꽃에서 저꽃으로 옮겨 수정해 주어요.

꽃가루를 바람에 날려 보내요.

물을 이용해 꽃가루를 퍼뜨려요.

❹ 씨앗의 모양과 씨앗이 퍼지는 방법을 바르게 이어 보세요.

❺ 꽃의 이름을 써 보세요.

꽃이 아주 작아서 한데 모여 살아요. 꽃이 하늘을 보고 있고 우산살 같은 잎이 있어요.

흰색, 보라색, 분홍색 정말 앙증맞고 귀엽게 피어요. 꽃이 지고 나오는 어린 잎사귀가 노루귀와 닮았어요.

꽃이 작아서 모여서 피어요. 이 꽃을 마지막으로 가을꽃은 더 이상 피지 않는다고 봐도 좋을 만큼 늦게 피어요.

(봄맞이꽃)   (노루귀)   (산국)

꽃이 하늘을 바라보고 있고 잎사귀가 우산처럼 생겼어요.

꽃은 물매화처럼 생겼고 잎은 붕어 마름처럼 생겨서 붙여진 이름이랍니다. 우리나라에서는 강화도 일부 논에서 관찰할 수 있어요.

노랗게 피는 꽃이 아주 예쁘지만 냄새가 고약해서 파리들이 주로 날아와 꽃가루받이를 시켜요.

(하늘말나리)   (매화마름)   (마타리)

여기서 잠깐!

정답

사진

이정진
p2(애기똥풀), p4(금붓꽃, 동자꽃, 산구절초), p7(돌콩), p8(해바라기와 벌, 코스모스 꽃밭), p10(돌콩, 갯무, 광대나물, 깨꽃, 분꽃), p12(금붓꽃), p13(까마중), p15(은행나무 꽃), p16(꼭두서니, 환삼덩굴, 산구절초), p19(애기똥풀, 사마귀풀)p21(복수초), p22(복수초, 노루귀), p23(꽃다지, 봄맞이꽃, 꿩의바람꽃), p24(산괴불주머니, 변산바람꽃, 좀씀바귀, 현호색, 쇠별꽃), p25(고들빼기, 냉이, 꽃마리), p26(제비꽃, 남산제비꽃), p27(개별꽃), p30(애기나리), p32(수염가래꽃), p33(연꽃, 수련), p34(마타리), p36(미국가막살이, 서양민들레, 개망초), p37(미국쑥부쟁이, 붉은토끼풀, 토끼풀), p38(산국, 미국쑥부쟁이), p39(산구절초, 벌개미취), p40(수크령, 수크령무더기, 강아지풀), p41(억새), p42(변산바람꽃, 산국, 수크령, 물봉선), p43(로제트), p45(배롱나무, 대나무)

박철만
p4(얼레지), p5(금강초롱), p7(얼레지, 금강초롱), p10(금강초롱), p13(얼레지), p16(질경이), p21(쑥부쟁이, 하늘말나리), p22(앉은부채), p25(괭이눈, 노루귀 잎, 매발톱꽃), p26(두루미천남성, 졸방제비꽃, 알록제비꽃), p27(괭이눈, 개불알풀), p28(고사리 홀씨주머니, 관중, 관중 홀씨주머니), p29(솔이끼 홀씨주머니, 쇠뜨기, 쇠뜨기 홀씨주머니), p30(참나리 주아, 하늘말나리, 뻐꾹나리), p31(왕원추리, 애기원추리, 각시원추리), p32(범부채, 부처꽃), p33(숫잔대, 노랑어리연, 매화마름), p34(애기앉은부채, 노루오줌, 누린내풀), p35(끈끈이주걱, 파리지옥, 벌레잡이통풀), p36(달맞이꽃), p39(구절초), p41(갈대), p44(벚꽃, 살구꽃), p45(복숭아꽃, 무궁화)

포토스탁
p28(고사리), p29(우산이끼)

하동칠(창녕군 홍보문화과)
p33(가시연꽃)

초등학교 교과서와 관련된 학년별 현장 체험학습 추천 장소

1학년 1학기 (21곳)	1학년 2학기 (18곳)	2학년 1학기 (21곳)	2학년 2학기 (25곳)	3학년 1학기 (31곳)	3학년 2학기 (37곳)
철도박물관	농촌 체험	소방서와 경찰서	소방서와 경찰서	경희대자연사박물관	IT월드(과천정보나라)
소방서와 경찰서	광릉	서울대공원 동물원	서울대공원 동물원	광릉수목원	강원도
시민안전체험관	홍릉 산림과학관	농촌 체험	강릉단오제	국립민속박물관	경희대자연사박물관
천마산	소방서와 경찰서	천마산	천마산	국립서울과학관	광릉수목원
서울대공원 동물원	월드컵공원	남산골 한옥마을	월드컵공원	국립중앙박물관	국립경주박물관
농촌 체험	시민안전체험관	한국민속촌	남산골 한옥마을	기상청	국립고궁박물관
코엑스 아쿠아리움	서울대공원 동물원	국립서울과학관	한국민속촌	서대문자연사박물관	국립국악박물관
선유도공원	우포늪	서울숲	농촌 체험	선유도공원	국립부여박물관
양재천	철새	갯벌	서울숲	시장 체험	국립서울과학관
한강	코엑스 아쿠아리움	양재천	양재천	신문박물관	남산
에버랜드	짚풀생활사박물관	동굴	선유도공원	경상북도	남산골 한옥마을
서울숲	국악박물관	고성 공룡박물관	불국사와 석굴암	양재천	롯데월드 민속박물관
갯벌	천문대	코엑스 아쿠아리움	국립중앙박물관	경기도	국립민속박물관
고성 공룡박물관	자연생태박물관	옹기민속박물관	국립민속박물관	이화여대자연사박물관	삼성어린이박물관
서대문자연사박물관	세종문화회관	기상청	전쟁기념관	전쟁기념관	서대문자연사박물관
옹기민속박물관	예술의 전당	시장 체험	판소리	천마산	선유도공원
어린이 교통공원	어린이대공원	에버랜드	DMZ	한강	소방서와 경찰서
어린이 도서관	서울놀이마당	경복궁	시장 체험	화폐금융박물관	시민안전체험관
서울대공원		강릉단오제	광릉	호림박물관	경상북도
남산자연공원		몽촌역사관	홍릉 산림과학관	홍릉 산림과학관	월드컵공원
삼성어린이박물관		국립현대미술관	국립현충원	우포늪	육군사관학교
			국립4·19묘지	소나무 극장	해군사관학교
			지구촌민속박물관	예지원	공군사관학교
			우정박물관	자운서원	철도박물관
			한국통신박물관	서울타워	이화여대자연사박물관
				국립중앙과학관	제주도
				엑스포과학공원	천마산
				올림픽공원	천문대
				전라남도	태백석탄박물관
				경상남도	판소리박물관
				허준박물관	한국민속촌
					임진각
					오두산 통일전망대
					한국천문연구원
					종이미술박물관
					짚풀생활사박물관
					토탈야외미술관

4학년 1학기 (34곳)	4학년 2학기 (56곳)	5학년 1학기 (35곳)	5학년 2학기 (51곳)	6학년 1학기 (36곳)	6학년 2학기 (39곳)
강화도	IT월드(과천정보나라)	갯벌	IT월드(과천정보나라)	경기도박물관	IT월드(과천정보나라)
갯벌	강화도	광릉수목원	강원도	경복궁	KBS 방송국
경희대자연사박물관	경기도박물관	국립민속박물관	경기도박물관	덕수궁과 정동	경기도박물관
광릉수목원	경복궁 / 경상북도	국립중앙박물관	경복궁	경상북도	경복궁
국립서울과학관	경주역사유적지구	기상청	덕수궁과 정동	고성 공룡박물관	경희대자연사박물관
기상청	경희대자연사박물관	남산골 한옥마을	경상북도	국립민속박물관	광릉수목원
농촌 체험	고창, 화순, 강화 고인돌유적	농업박물관	경희대자연사박물관	국립서울과학관	국립민속박물관
서대문자연사박물관	전라북도	농촌 체험	고인쇄박물관	국립중앙박물관	국립중앙박물관
서대문형무소역사관	고성 공룡박물관	서울국립과학관	충청도	농업박물관	국회의사당
서울역사박물관	충청도	서울대공원 동물원	광릉수목원	롯데월드 민속박물관	기상청
소방서와 경찰서	국립경주박물관	서울숲	국립공주박물관	몽촌토성과 풍납토성	남산
수원화성	국립민속박물관	서울시청	국립경주박물관	민주화현장	남산골 한옥마을
시장 체험	국립부여박물관	서울역사박물관	국립고궁박물관	백범기념관	대법원
경상북도	국립서울과학관	시민안전체험관	국립민속박물관	서대문자연사박물관	대학로
양재천	국립중앙박물관	경상북도	국립서울과학관	서대문형무소 역사관	민주화 현장
옹기민속박물관	국립국악박물관 / 남산	양재천	국립중앙박물관	서울역사박물관	백범기념관
월드컵공원	남산골 한옥마을	강원도	남산골 한옥마을	조선의 왕릉	아인스월드
철도박물관	농업박물관 / 대법원	월드컵공원	농업박물관	성균관	서대문자연사박물관
이화여대자연사박물관	대학로	유명산	롯데월드 민속박물관	시민안전체험관	국립서울과학관
천마산	롯데월드 민속박물관	제주도	충청도	경상북도	서울숲
천문대	몽촌토성과 풍납토성	짚풀생활사박물관	서대문자연사박물관	암사동 선사주거지	신문박물관
철새	불국사와 석굴암	천마산	성균관	운현궁과 인사동	양재천
홍릉 산림과학관	서대문자연사박물관	한강	세종대왕기념관	전쟁기념관	월드컵공원
화폐금융박물관	서울대공원 동물원	한국민속촌	수원화성	천문대	육군사관학교
선유도공원	서울숲	호림박물관	시민안전체험관	철새	이화여대자연사박물관
독립공원	서울역사박물관	홍릉 산림과학관	시장 체험 / 신문박물관	청계천	중남미박물관
탑골공원	조선의 왕릉	하회마을	경기도	짚풀생활사박물관	짚풀생활사박물관
신문박물관	세종대왕기념관	대법원	강원도	태백석탄박물관	창덕궁
서울시의회	수원화성	김치박물관	경상북도	해인사 고려대장경과 장경판전	천문대
선거관리위원회	승정원 일기 / 양재천	난지하수처리사업소	옹기민속박물관	호림박물관	우포늪
소양댐	옹기민속박물관	농촌, 어촌, 산촌 마을	운현궁과 인사동	유니세프 한국위원회	판소리박물관
서남하수처리사업소	월드컵공원	들꽃수목원	육군사관학교	무령왕릉	한강
중랑구재활용센터	육군사관학교	정보나라	이화여대자연사박물관	현충사	홍릉 산림과학관
중랑하수처리사업소	철도박물관	드림랜드	전라북도	덕포진교육박물관	화폐금융박물관
	이화여대자연사박물관	국립극장	전쟁박물관	서울대학교 의학박물관	훈민정음
	조선왕조실록 / 종묘		창경궁 / 천마산	상수허브랜드	상수도연구소
	종묘제례		천문대		한국자원공사
	창경궁 / 창덕궁		태백석탄박물관		동대문소방서
	천문대 / 청계천		한강		중앙119구조대
	태백석탄박물관		한국민속촌		
	판소리 / 한강		해인사 고려대장경과 장경판전		
	한국민속촌		화폐금융박물관		
	해인사 고려대장경과 장경판전		중남미문화원		
	호림박물관		첨성대		
	화폐금융박물관		절두산순교성지		
	훈민정음		천도교 중앙대교당		
	온양민속박물관		한국에너지기술연구원		
	아인스월드		한국자수박물관		
			초전섬유퀼트박물관		

숙제를 돕는 사진

돌콩

앉은부채

하늘말나리

뻐꾹나리

꿩의바람꽃

누린내풀